子どもの幸せを守る

円満離婚のカンドコロ

行政書士　髙橋健一
マンガ　ふじたきりん

飛鳥新社

もくじ

はじめに

19.7%

この数字は、離婚によって母子世帯となった方々で、「現在も養育費を受けている」割合*です。本来、養育費を受け取るべき方々のうち、およそ5人に4人は現在受け取っていないということですから、これはゆゆしき問題だと私は考えています。

なぜ、養育費の受け取り率が、これほどまでに低いのでしょうか。

離婚は親の一方的な都合によるもので、**子どもには何の責任もありません。**ですから、親の離婚で子どもが不利益を被ることなどあってはならないはずです。いまや日本の高校生の2人に1人が大学に進学する時代ですが、現実には、離婚母子世帯の平均年間就労収入はわずか176万円*に過ぎず、父親から養育費、学費を援助してもらえないと、子どもが進学することはとても困難です。

両親の関係が良好であれば、当然ながら夫婦で共に子どもを育てます。それなのに、なぜ離婚をすると多くの父親が「扶養義務」から逃げてしまうのでしょう。

母親が、「子どものためだから」と父親を説得しようとしても、「子どもをダシにして。子どものためと言いながら、結局、自分のためだろう」「子どもが大学へ行きたいのなら、奨学金を利用し、自分で返済させればいい」などと反論されることが珍しくありません。

たしかに養育費の使途は自由ですから、「払ったお金を母親が自分のために使ってしまうのではないか」という疑いが、養育費を払わない原因の一つになっているのでしょう。元夫婦の間の不信感のせいで、子どもがとばっちりを食うはめになっているのです。

そもそも離婚協議の真っ只中では、夫婦とも大きなストレスにさらされ、感情的になり、たがいを傷つけ合う「天才」になっています。ですが、親以上に、子どものほうこそ、不安で押しつぶされそうになっています。親の勝手な都合により、子どもを巻き込み、子どもの心に一生消えない大きな傷をつけているのです。その罪をつぐなうため、そして子どもへの悪影響を最小にとどめるためには、離婚協議というプロセスをうまく乗り切り、「円満離婚する」というソフトランディングに成功することこそが肝心です。あまり知られていないことですが、円満離婚のカギとなるのは、**「親としての自覚」に目覚めること**なのです。

本書では、15年間で1万件超という相談実績をもとに、円満離婚に向けて、さまざまな問題、とりわけ多くの方がつまずきやすい、**●養育費**、**●住宅ローンの残った不動産**、**●面会交流の問題**について、どのように解決していけばよいのか、子どもの幸せを守るためにはどんなことを考慮すればよいのか、今まで私に相談を依頼された方限定でお伝えしていたメソッドを、初めて公開しています。この本を読み終わったとき、あなたは、離婚騒動の最中によく使われる**「子どものため」という言葉の「本当の意味」**を知ることができます。そして、円満離婚にいたるまでの道すじが、確かに、明瞭に見えてくるでしょう。

本書が、新たな人生を歩むことを決断された読者の方々に、大きな力を与え、つらい経験をした子どもたちに、安心と幸せをもたらしてくれると信じています。

＊厚生労働省による「全国母子世帯等調査結果報告」(平成23年度)より

ここは行政書士
髙橋法務事務所
離婚問題を専門に
お金の問題を
きっちりして
おきたい女性の
相談に乗っています
円満子さんが相談にくる
わからないことだらけ
なので　思いついた書類
全部持ってきちゃいました
お席に
どうぞ
ありがとうございます
こちらもそのほうが
助かります
あらためて
はじめまして
行政書士の髙橋です
よろしくお願い
いたします
円満子と言います
よろしくお願いします
原因はご主人の
浮気ですか
そうなんです……
ひどいと思いませんか

泥沼子さんが相談にくる
浮気じゃなくて“本気”らしいですからね！
なんでこんなことに
つらかったですね
「ちゃんと金は払うから」と夫は言っていますけど信じられるわけないじゃないですか だから一筆書かせたんです！
離婚条件
拝見します
この内容で問題ないですよね？先生に見ていただいたら離婚届を出しに行きます
トホホ…

1章

将来を考えたら円満離婚がいちばん!

コラム

行政書士にできること

行政書士は、離婚にかんしては、公正証書の作成手続きや、作成に伴う相談に応じるのが仕事です。ただし、法律上の権限が限られていますから（たとえば、離婚そのものの法律相談はお受けすることができません）、夫婦間で離婚条件の合意ができる段階なら行政書士が公正証書の作成手続きをし、紛争段階や、強制執行をする段階では、弁護士が関与する、というように、弁護士と行政書士が協力し合うことが、依頼者にとってメリットになると考えています。

ペラ ペラ ペラ ペラ ペラ ペラ ペラ
そうですね
大変でしたね
数日前に夫から突然
離婚条件を書いた
書面を渡されました
離婚条件
こんな条件では
私 離婚できません
離婚条件
う～ん
そもそも ここに書いてある
お金を払ってくれない場合
どうしますか？
えっ！

もし夫が
お金を払わなかったら…！
払われなくなったときのことにまで考えが及びませんでした
夫からの離婚要求と今後のことで不安で……
リコン！
まあ 落ち着いて順を追って考えていきましょう

夫にすぐ催促します
送信
メールか電話ですね……
プルルルル
プルルルル
それでも払われないもしくは そもそも無視されたら？
元夫
無視
えーっとどうしたら……
たとえば裁判です
10000
裁判ですか？

たとえば 裁判で「支払え」という判決が出たとします
支払え
裁判所
それでも払わない人は払わないんです
裁判所
払え！
NO
さぁ次に打つ手は？
わからないです
夫の財産を差し押さえることになります
差押え
給与
預貯金
これを「強制執行」といいます
強制執行

この強制執行をして初めてお金を受け取ることができるんです
強制執行済
10000
ホッ
逆に言えば最悪ここまでやらないとお金を受け取ることができないとも言えます
なんだかものすごく果てしない戦いですね
払って!払って!払って!
でも裁判までやらなくても強制執行できる方法があるんです
それは「公正証書」を作るという方法です
そんな方法があるんですか!

公正証書を作ったほうがよい３つの理由

離婚を成立させるための手続きはごく簡単です。離婚届用紙の必要事項を埋め、ご夫婦および証人2人が署名捺印したうえで、役所（夫婦の本籍地、または住所地などの市区町村役場・支所の戸籍窓口）に提出し、受理されれば、離婚成立です。ですが、離婚届を出しただけでは、離婚後、トラブルに発展する可能性の高い問題があります。たとえば養育費や、財産分与・慰謝料などは、何もせず放っておくと時効で権利自体が消滅しますし、住宅ローンの残った家をどうするか、といった問題などもあります。たとえ口頭などで取り決めをしていても、相手方がそれを守らない場合、強制的に支払わせることができません。そうしたトラブルを防ぐ対策として有効なのが、「公正証書」を作るということです。

「公正証書」とは、全国で約３００カ所ある「公証役場」という公的機関で手続きし、作成される公文書です。夫婦の合意をもとに作成された公正証書は、大きく分けて次の3つのメリットがあります。

①執行力

公正証書は、裁判で確定した「判決」と同じ効果がありますので、民事訴訟等を提訴し、裁判所から判決を得なくても、相手方の意思とは無関係に財産を差し押さえる（強制執行）ことが可能です。

②証拠力

公正証書は「公文書」であり、証拠力が高いため、事実上、紛争の蒸し返しを防ぎます。

③安全性

公正証書は、原本が公証役場に保管されていますから、万が一、紛失しても再交付が可能です。つまり、公正証書を紛失しても、強制執行できなくなるわけではありません。

とくに左記のような場合は、公正証書を作成したほうがよいでしょう。

1 支払い期間が長期にわたる場合（養育費など）
2 夫の資産状況に不安がある場合（支払いが遅れたとき、直ちに強制執行しないと回収不能になる可能性がある）
3 妻が住宅ローンの連帯保証人、もしくは、連帯債務者になっている場合
4 合意の成立を証拠として残しておく必要がある場合（数百万単位以上の財産分与、慰謝料の取り決めがある）

なお、公正証書を作成するには、夫婦双方が公証役場まで出向き、同席することが原則です。ですので土壇場になって、夫が公証役場に行くことを「すっぽかす」と、公正証書が作れません。そのような事態を避けるため、代理人を立てて、公証役場に出向いてもらうことができます。必要書類をそろえ、委任状と公正証書の原案に署名捺印するだけで、公正証書が完成します。夫が公証役場に来ない可能性があるときは、代理人を立てることで確実に公正証書を作成することができます。

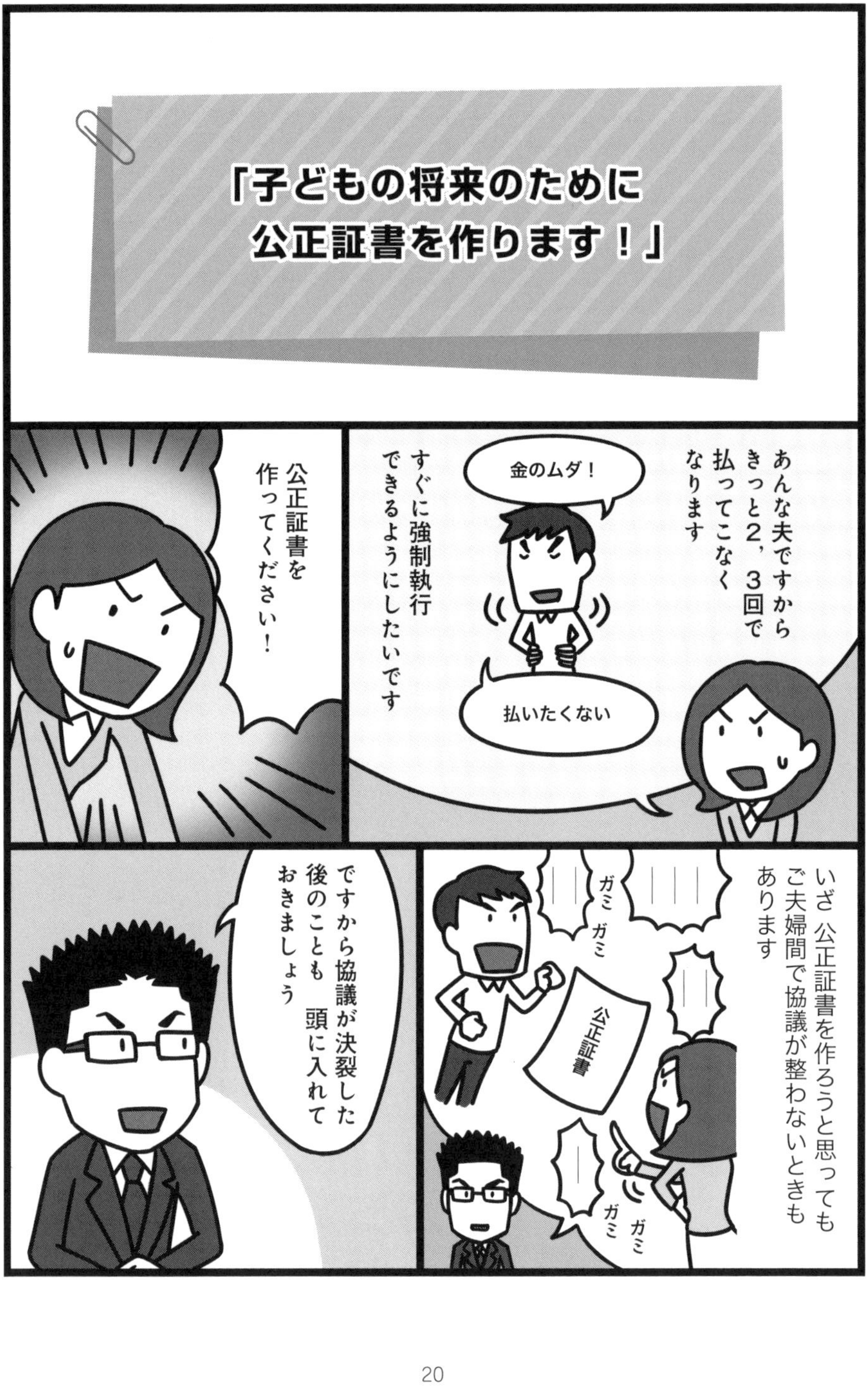

「子どもの将来のために
公正証書を作ります！」
あんな夫ですから
きっと2，3回で
払ってこなく
なります
金のムダ！
払いたくない
すぐに強制執行
できるようにしたいです
公正証書を
作ってください！
いざ 公正証書を作ろうと思っても
ご夫婦間で協議が整わないときも
あります
ガミガミ
公正証書
ガミガミ
ですから協議が決裂した
後のことも 頭に入れて
おきましょう

大まかに離婚の方法としては3つあります
離婚の方法
1「協議離婚」
2「調停離婚」
3「裁判離婚」
夫婦の話し合いのみで解決する「協議離婚」
家庭裁判所の調停によって成立する「調停離婚」
離婚調停が不調に終わった場合家庭裁判所に提起する「裁判離婚」があります
ところで「協議離婚」ですが2つに分けられます
(1)早期に相手との関係を断ちたいがため
離婚届

＊ 離婚訴訟事件の平均審理期間11・6カ月。出典「最高裁判所事務総局家庭局による人事訴訟事件の概況」（平成24年）

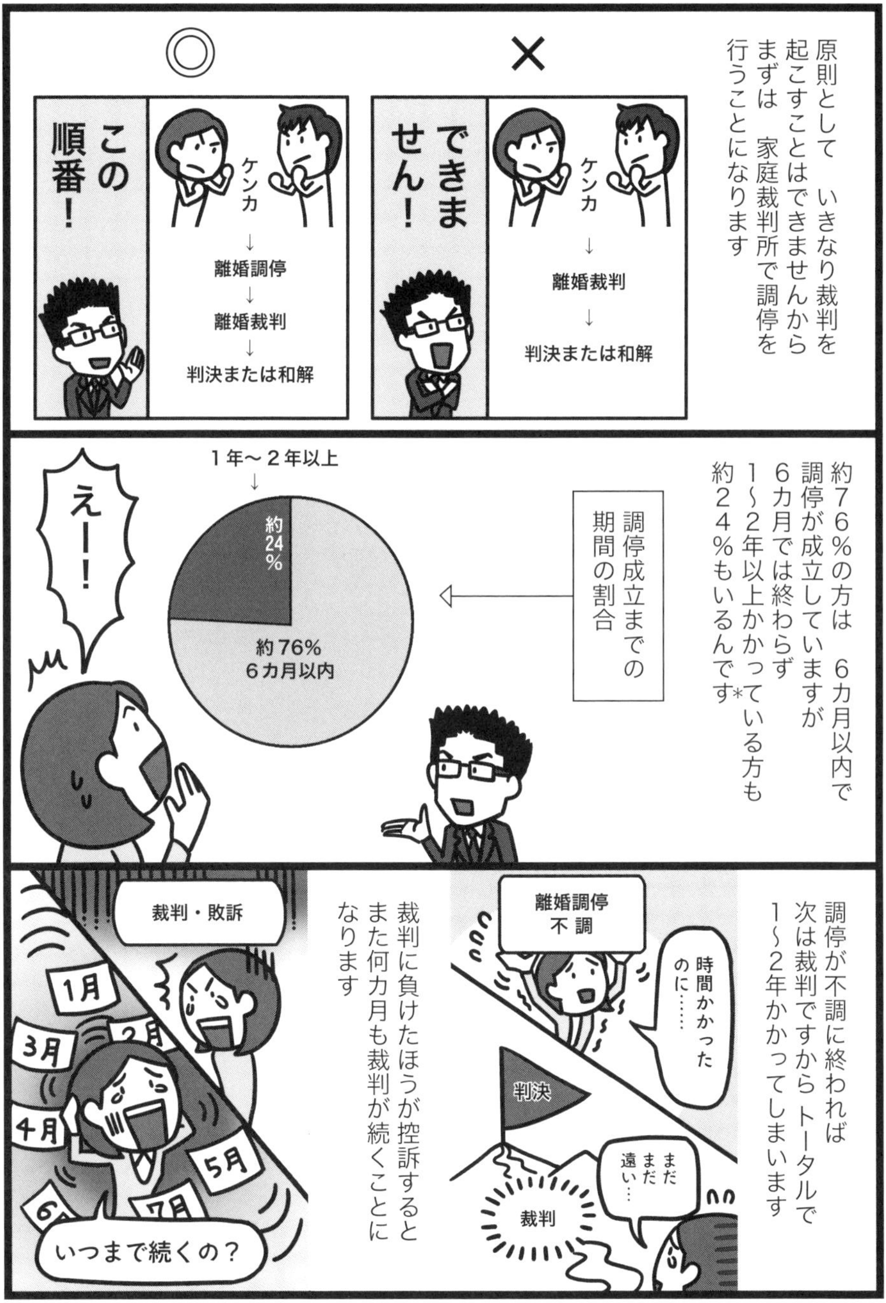

＊　出典『最高裁判所事務総局による司法統計年報3家事編』（平成23年）

＊ 法テラスの援助制度で弁護士費用の立替えは可能（収入等の要件あり）

強制執行して
お金を回収できそうか？
待ちに待った
給料日だ！
←給与明細書
今月はなぜ
これだけなんだ？
もしかして！
→銀行のサイトに
ログイン中
いつもの半額しか
振り込まれていない
しまった……
このことを常に念頭に
置きながら進めていくことが
重要になります
実際には
いざ強制執行しようと思っても
ハッ！
今月も
振り込まれて
いない！
強制執行だわ！
←通帳
預金を差し押さえた場合
夫の口座に残高がなければ
それこそ「ないソデは振れない」
ということで
「空振り」に終わることもあります
手数料
＊26,563＊
＊26,668＊
○×ガス
□△ BKOHIJ
××リヨウダイキン
○×カード
＊24,837＊
＊95,837＊
＊84,237＊
＊3,024＊
ないものは
ない！

空振りですか……
それに離婚した後も夫が働いている会社などを把握していないと
○× 株式会社
○× 株式会社
○× 株式会社
強制執行の申立てすらできないんです
(『公正証書を作る前に知っておきたい『強制執行』のイロハ』96ページをご参照ください)
元夫の会社
元夫さんは退職されました
受付
ですからケンカ別れのようなカタチで離婚しても何もいいことはないんです!
離婚

2章

円満離婚に必要な心がまえ

コラム

アセると泥沼化する⁉

泥沼子さんは一刻も早く離婚届を提出したいようですが（私の依頼者のなかにも、保育園（母子家庭が優遇される）の申込期限が間近でアセっている方が一定数おられます）、期限が迫っていると物事を冷静に判断することが難しくなりがちです。

公正証書は一度作ると事実上、作り直しが難しいので、離婚する直前ではなく、できるだけ早期に専門家に相談するのがベターです。

円満離婚
できるかどうかの分かれ目

冷静になるには
今のその
「落ち着かない気持ち」の
正体を明らかにすることが
必要です
はい……
何をしていても
落ち着かないんです
イライラしたり落ち込んだり
イラ
イラ
イラ
イラ
ママ
ちょっと
話が
あるんだけど
今 忙しいから
後にして！

ごはんよー
つたく　あの人は！
イラ
イラ
イラ
遅くなるなら
電話1本
かけて欲しいわ
ママ　さっきの
話だけど
これからパパと
大事な話が
あるから
ガミ
ガミ
名著『人を動かす』の著者
デール・カーネギー氏
という方がおられます

彼は『道は開ける』の中でこう言っています
「問題を解決するための第一歩は、事実の把握にある」
夫婦間の問題の本質が明らかになる
何が今のような事態を招いたのか理解できる
問題の本質がわかれば指針が決まる
夫婦間の問題の「事実の把握」とは「本質を明らかにする」ことだと考えています
問題の本質ですか もしかして私が気づいていないことが？
いい質問です 古代ローマの政治家であるユリウス・カエサルがこう言っています

「人間ならば誰にでも、
現実のすべてが見えるわけ
ではない。
多くの人は、見たいと欲する
現実しか見ていない」
聞いたことがあります「人は見たいものしか見ない」という意味ですよね
そのとおりです
離婚を決定的にしたのが夫の浮気ということは
夫
愛人
離婚よ
そこに至る過程に「問題の本質」が潜んでいそうですね
問題の本質
夫の浮気
離婚
問題の本質……浮気の背景にあるもの？

よくあるケースとしては小さなことの積み重ねから夫婦間に溝ができることです
溝
じつは…
雪の降る2月の日中央線がストップした日のことなんですが
運転見合わせ中
の運転を取りやめて

タクシー乗り場
送信
主人から「雪だからホテルに泊まることにするよ」とメールがあったんです
いいですね
電車も止まっているしタクシーも当分無理っぽいから小康状態になるまで飲みに行こう
居酒屋
妻とうまくいっていないんだ
家には居場所がない
……
HOTEL
ホテル

今まで　雪が降ろうが
夕方から大雪になります
ただいまー
おかえり
なにがあっても家に帰ってくる人だったんです
そうでしたか「サイン」だったかもしれませんねぇ
えっ？　サインですか
ええ
あとからニュースで見て知ったんですけど
○×会社
グラ
グラ
グラ
グラ
初めて帰ってこなかった時期の少し前から主人の会社たいへんな状況だったみたいで

そのうえ　主人は課長に昇進したばかりで重圧も半端じゃなかったと思います
もし私が主人の状況を察していれば
状況がちがっていた可能性は否定できませんねぇ
そう考えると　浮気されて私　自分だけがなぜこんな目にと思って……
夫
愛人
自分だけが被害者だと思って主人のことばかり責めて……
下の子のイブキはぜん息で
ゼイ
ゼイ
ゼイ
ゼイ
ゼイ
ゼイ
ゼイ

いつも お正月でも
しょっちゅう病院にかかって
いました
夜も いつ発作が起きるか
わからないから
イブキに添い寝していたので
寝室も別でした
私も仕事をしながらでしたから
いつも 精神的に
いっぱいいっぱいで
服着て
ケンカ
しない

おたがいを気づかうということをしてこなかったと思います
コラ！
相当ストレスがたまっていたんでしょうね
そうだと思います
不貞行為は 法的には不法行為になりますし倫理的にも許されるものではありません
不誠実
不道徳
不法！
それにたとえストレス過多であっても
それを発散する手段が必ずしも浮気である必要はありません

ですが
法的には
ともかく
本当に　円満子さんが　100%
被害者であるとは
言い切れないですよね
……
たしかにそうですね
ご自分を
責めなくて
いいですよ
仕事　母親業
そして妻としての役割
本当に大変ですものね

ありがとうございます
男性って
口で言わなくても
わかるだろう
と思い込んでいることが
ありますが
妻としては言ってくれないと
わからないことって
多いと思います
?
もっとおたがい
心の余裕があれば
距離を縮めることができた
かもしれません
離婚の
「本当の原因」を
知っておこう

離婚の本当の被害者はだれ？
お子さんの変化についておたずねしますが両親が険悪になってからとそれ以前とでいかがですか？
悪化前
悪化後
ヒビキはそれまで家事の手伝いなどしてくれなかったのですが
今はよくしてくれるようになったんです

それにケンカばかりしていた弟のイブキのことも　よく面倒を見てくれるんです
ママぁ　ママぁ～
ヒビキ　ちょっとイブキの様子見てあげて
うん
イブキ　すごい熱じゃないか！
なるほど
夫が家を出て行ったという状況ですから　本当に助かっているんです　親孝行な子で

ヒビキ君は本当によくやっていると思いますよ　ですが　本当に親孝行なのでしょうかね？
えっ
目をそむけていた本当のお子さんの姿話していただけますね？
ええ
学校の先生に呼び出されたんです　三者面談の時期でもないのになんだろうって
そうしたら　先生が
ヒビキ君　最近授業中に居眠りが目立つんです
今まではこんなことなかったんですがね
ZZZ

起きているときでも　なにか
ぼんやりしている様子で
集中できていないようです
あれだけ
成績上位をキープ
していたのに　最近は
下降線をたどっています
ご家庭で
なにかあり
ましたか？
ドキッ
それは
いつ頃
です？
ちょうど1年くらい
前です　夫婦ゲンカが
多くなった頃です

お恥ずかしい話
ヒビキ　おねしょを
するようになったんです
ごめんなさい
感受性の豊かな
子どもは　無意識のうちに
両親が別れない方法を
考えているんです
両親がケンカをする姿を見て
それを防ぐことができない
自分を責めているんです
ドキ
私たちの離婚問題が
原因でしょうか？
離婚が子どもに
与える影響に関する
研究の第一人者である
ウォラースタイン氏が著書
『セカンドチャンス　離婚後の人生』
でこう述べています

「離婚を考えている両親は自分たちが望んでいることはそのまま子どもの望みであると思いがちである」
離婚！
離婚して
子どもは親を映す鏡ですから家庭の環境次第で彼の姿は今とはちがっていたかもしれないでしょう
私取り返しのつかないことをしてしまったのでしょうか
離婚問題が子どもに悪影響を及ぼすことは避けられませんが
重要なことは　これからどう挽回していくかです
そうですね……

非常に大事なことですから少々厳しい言葉を申し上げることになってしまいますが……
かまいませんおっしゃってください
子どもはあくまで子どもです
親の役割を背負わせてはならないんです
役割
今ご家庭で起きていることを「親子逆転現象」と言います
だいじょうぶだよ
親子逆転現象……

幼い彼らに
「家族の長」としての
役割を演じさせている
ということです
ボクが　ママを支えて
いかなきゃ！
彼は　まだ小学生です
あまりに重荷を背負わせ過ぎている
と言わざるを得ません
子どもたちこそ「本当の被害者」です
本当の被害者
大人になるとだれも間違いを
指摘してくれないですものね
ありがとうございます
ヒビキがあるとき
こう言ったんです

子どもなんていないほうがいいんだよね？
だって　いなかったら楽でしょ……
ヒビキ君は自分がママの足かせになっているこことを責めているんでしょうね
子どもがそんなに悩むなんて……
子どもは親が思うより　はるかに不安なんです
でも親を悲しませたくない
両親が険悪な状態では　本音を言うことなどできませんから
内にこもります
「ボクが我慢すればいいんだ」と

離婚問題が長期化すればするほど
子どもは家族の崩壊を目の当たりにしながら
それを防ぐことができない
無力な自分を責めるようになります
家族
親はそんな子どもの胸の内を察することができず
彼らが抱える深刻な問題を放置してしまいます
子どもは計り知れない心の傷を負いますから
人格形成への影響は避けられません
真の被害者は
子どもであること
そのために親として
どう責任を
果たしていくか
この２点を　ご夫婦ともに
「親としての自覚」をもって
話し合いを進めていくことです

先生
わかりました
家に帰ったら　まずは
子どもたちを抱きしめて
あげてください
はい
そうします
帰宅後
イブキー
ヒビキー
ママ
どうしたの？
ごめんね　今まで
つらい思いばかりさせて
ママ　自分のことしか
考えていなかった
大丈夫だよ
ボクはママがいつも
いっしょうけんめい
頑張っているの
知っているから
ヒビキ
ありがとう

泥沼子さんの事情
泥沼子
子どもがいる目の前で 突然 離婚話を切り出されました
離婚して ほしい
お子さんは パパのこと どのように おっしゃっていますか？
あんなパパなんて いないほうがいい！ ママ 離婚して 早く再婚してよ！
といつも 言っています

では
お子さんの本音は？
「離婚してほしい」
ということですよね
お子さんの
言葉から推測すると
「あんなパパ」とは
「今の状況」のパパであり
穏やかだった　かつての日常を
求めている
そんな気がしてなりませんが……

……
できれば……
戻れるものなら……
私もあの頃に戻りたいです!
でも もう無理なんです

夫の顔を見ると
すぐにカッと
なるんです
大切なことだから
ちゃんと聞いて
ください！
あの子には　かわいそうなことに
なったと思います
ですが　夫が浮気さえしなければ
離婚なんて……
離婚の原因を
作ったのは
夫ですから！
夫から取れるだけ
取ってやります!!
あ……

3章

子どもの幸せを守る公正証書の作り方

お金編

コラム

離婚すると慰謝料がもらえるの?

慰謝料とは、相手方の不法行為(不貞など)によって被った精神的苦痛の賠償金です。東京家庭裁判所の統計(平成16~18年度)によると、慰謝料等の裁判(調停や裁判上の和解を除く)で決まった額は500万円以下が約94%で、そのなかで100万円以下が約28%を占めています。もっとも、不貞が疑われるとしても、相手方がその事実を認めていない場合や、不貞の事実を裏付ける証拠が得られない場合は、慰謝料なしで合意されることがよくあります。また、離婚原因が「性格の不一致」といった、夫婦のどちらかに責任があるとは言い切れないケース等でも同様です。ですから、離婚するからといって、必ずしも慰謝料を受け取れるわけではありません。

離婚して貧乏にならない
養育費の取り決め方
養育費の支払いは20歳までと決まっているんでしょうか？
現在
20歳
支払期間は任意に定めることができますから必ずしも20歳までとは限りませんよ
法律で決まっているわけではないんですね
そのとおりです

支払期間を決定するためにまず「親はいつまで養育費の支払義務を負うのか」を理解していきましょう
はい
一般的な考え方では「子どもが経済的社会的に自立するまで」とされています
自立
就職するまでということですか？
いえ　必ずしもそうとは言い切れません
「就職」は読んで字のごとく「職に就く」ことですですから　アルバイトでも「就職」と解釈できる余地があります

言われてみれば
たしかにそうですね
しかし　アルバイトや
フリーターが　経済的に
自立しているかと言えば
10000
とてもそうとは
言えないです
親のすねかじり
でしょうね
そのとおりです
ですから　いつの時点で
「経済的な自立」と言えるかは
難しい問題なんです
正社員
アルバイト
最終的には
そのときになってみないと
わからないですものね
そうなんです
夫は子どもを大学に
行かせたいようですが
ヒビキは親孝行な子なので
ママを助けるために 中学を
卒業したら働く
なんて 言いだしたら……

それに夫は
「子どもがフリーターになったら養育費は打ち切りだ
と言いだすかもしれません
実際に同じようなことを言う夫はいますよ
やっぱり!
公正証書に「中学卒業後フリーターになった場合養育費は支払わない」と定めたとしても　それは無効です
公正証書
中学卒業後フリーターになった場合、養育費は支払わない
夫
裁判所
無効
民法881条により「扶養を受ける権利は処分することができない」とされています
ですから子どもの養育費を請求する権利を親が勝手に放棄することはできないんです
裁判所
払いなさい
よかったです!

実際には次の4つの中から選ばれる方が多いです
【1】
満18歳で迎える3月まで
（高校卒業まで）
○×高校
卒業式
【2】
満20歳になる月まで
祝　成人式
【3】
満20歳で迎える3月まで
○×専門学校
卒業式
【4】
満22歳で迎える3月まで
（大学卒業まで）
○×大学
卒業式

私も夫も大学を出ています
子どもにも大学に
行ってほしいというのは
夫とも
一致した意見ですから
４番がいいと思います
子育て方針の
すり合わせを
しよう
○×大学
XX年度　合格発表
130
136
137

養育費の相場ってどのくらい?

養育費をいくらにするかは法律で金額が決まっているわけではないので、気になる点だと思います。厚生労働省による「全国母子世帯等調査結果報告」(平成23年度)によると、月額の養育費(1世帯平均金額)は、子ども1人の場合は3万5438円、子ども2人の場合は5万331円です。また東京・大阪の裁判官の共同研究により作成された「養育費算定表」が裁判所のホームページ上で公表されており、具体的な金額の「目安」を知ることができます。

先の母子世帯調査によると、離婚により母子世帯となった方の平均年間就労収入額は176万円。厚生労働省による「国民生活基礎調査の概況」(平成24年)によると、平成23年の1世帯当たり平均所得金額(福島県を除く)は、「児童のいる世帯」が697万円です。

かりに夫の給与(総支給額。以下同)を697万円、妻の給与を176万円として、「養育費算定表」に数字を当てはめると、養育費の月額は8万円~10万円(子ども2人、いずれも14歳以下)の範囲内となります。とはいえ、「養育費算定表」は、夫婦間で協議が整わないとき、家庭裁判所が金額等を定めるときの目安に過ぎませんので（算定表では、私立学校への通学は考慮されていません）、実際には、生活実態を具体的に考慮して取り決めていく必要があります。

養育費を支払う側が、「母子家庭になれば児童扶養手当が出るから、養育費を下げるべきではないか」と言ってきた場合、この主張は法律上、正しいのでしょうか？ 児童扶養手当法2条3項には「児童扶養手当の支給は、婚姻を解消した父母等が児童に対して履行すべき扶養義務の程度又は内容を変更するものではない」と定められています。裁判所の「養育費算定表」も、児童扶養手当をもらっているからといって養育費を減額にする理由にはならないという考え方にもとづいて作成されています。

なお、児童扶養手当を受給申請するにあたっては、養育費の8割を所得とみなされます。

3つの学費の取り決め方
そのメリットとデメリット
算定表を参考にすれば ある程度 金額は決まっていきそうですが……
判例タイムズ
○○○○○
○○○○○
この金額だけではとても大学には行けそうにないですね
たしかに選択肢が限られてきてしまうでしょうね

大学入学は何年も先の話ですから
進学時にあらためて話し合う
と夫は言うかもしれません
実際にそういうこともあるんですよ
でも実際問題離婚後に話し合いなんてできるでしょうか？
難しい問題ですね
むむむ……
実は 算定表には触れられていないことなんですが
はい！

公正証書を使って
強制執行できるようにする
学費の取り決め方が
あるんですよ
そうなんですか！
ぜひ教えてください！
こちらです
この3種類の中から
決められる方が多いです
【1】
子どもの進路が決まった段階で
学費の5割を
夫に負担してもらう方法
子ども
進路決定
元夫
学費
5割負担

【2】
いろいろなケースを考えずに
一定の金額を決めて
負担してもらう方法
ヒビキ
大学
イブキ
たとえば大学1年のときは
100万円、2年〜4年は
それぞれ50万円など
1年
元夫
100万
負担
2年
元夫
50万
負担
3年
元夫
50万
負担
4年
元夫
50万
負担
【3】
ボーナス時期（年2回）のみ
通常の養育費に
いくらか加算して受け取る方法
元夫
ボーナス
年2回
養育費
ボーナス
年2回
ヒビキ
イブキ
どれが
いいんでしょうか？

以下の3つの条件がすべて満たされているという前提での話ですが現実的には【1】にされる方が多いです
【1】
子どもの進路が決まった段階で学費の5割を夫に負担してもらう方法
進学
5割
●面会交流が確実になされている
●元夫婦関係が良好
●元夫が再婚していない
夫が再婚した場合要注意なのが再婚相手の存在です
再婚
再婚相手
元夫
前妻の子どもへの学費を払うことで自分たちの生活に多かれ少なかれ影響が出ますから
ガミ
ガミ

すんなり払って
くれるかどうか
微妙なところです
デメリットについてはもうひとつだけ金額が定められていないので強制執行できないんです
それは困ります
次に【2】を見ていきましょう
【2】
いろいろなケースを考えずに一定の金額を決めて負担してもらう方法
大学
1年
2年
3年
4年
●円
○円
○円
○円
この場合 現在の経済状況をベースに金額を決めることになるでしょうから実際にかかる金額と差が出るのはやむを得ません
公正証書で取り決めた額 →５０万
50万円
頂きます
実際にかかった額 →１００万
100万円
差額マイナス５０万円
50万円
足りない

【1】とのちがいは強制執行が可能だということです
金額が明記されていますから
【1】
裁判所
強制執行できません
【2】
裁判所
強制執行します
それに【1】のように負担割合ではないので元夫に領収書や学費の明細などを提示し それから払ってもらうという手間が不要です
不要
本
かばん
服
おやつ
明細制作
明細見て下さい
確認
なるほど
学費や仕送り代の明細を見ることでお金の使途をめぐって意見の食い違いが起きる可能性があります
なんでこんなものに金使ったんだ!
この費用は払う義務ないからな!

【2】が難しければ
【3】のボーナス払いも
検討に値します
この場合
もちろん
強制執行も
可能です
円さんが
ボーナス払い分を
子どもの学費として
コツコツ貯蓄していけば
それなりの金額になるでしょう
ATM
○×銀行
ボーナス分のみ
定期預金
○×銀行
夫からの
ボーナス分の
養育費
あ！
ネットバンク
夫としても 一度に何百万円も
払うわけではないですから
無理のない支払い方法ですよね
ATM
○×銀行
通帳
ホッ

ご希望は【2】もしくは【3】でしょうか
【2】
いろいろなケースを考えずに一定の金額を決めて負担してもらう方法
大学
1年
2年
3年
4年
●円
○円
○円
○円
or
【3】
ボーナス時期（年2回）のみ通常の養育費にいくらか加算して受け取る方法
月払
+
ボーナス
ボーナス
そうです
現在　両親ともに子どもに大学に進学してほしいという意向ですし「契約自由の原則」からも公正証書で学費の取り決めをするのは自由です
大学に進学してほしい
学費の取り決め
公正証書
はい
まずは選択肢が3つあるということを提案してみます！

親の扶養義務とは？

親は未成熟子（経済的・社会的に自立していない子）に対して「自分の生活水準を下げてでも、自分と同程度の生活は子どもに保障しなくてはならない義務」を負っています。そのためのお金が養育費です。ですが、成年に達すると、親の親権は消滅しますし、子どもが単独で有効な法律行為をすることができるとされています。

たとえば、「一般に、成年に達した子は、その心身の状況に格別の問題がない限り、自助を旨として自活すべきものであり、（中略）親が成年に達した子が受ける大学教育のための費用を負担すべきであるとは直ちにはいいがたい」という裁判例（東京高裁H22・7・30〔家裁月報63巻2号145頁〕）や、大学の学費は、親自身が自分の生活に余裕がある場合に限って援助すべきという考え方があります。

右の裁判例では、諸々の事情を考慮して、結論としては学費・生活費の一部について大学卒業までの支払いを命じています。子どもが大学に進学してから夫に学費や仕送り代などを請求しても、必ずしも全額支払ってもらえるとは限りませんので、離婚時に決めておくほうがいいでしょう。

住宅ローンが残っていると、家はどうなるの？
マンションの所有権は夫の単独名義
ローンを払っているのは夫
元夫
マンションローン
所有権
単独名義
10000
円さんは連帯債務者・連帯保証人にはなっていないようですね
なし
はい　そうです
離婚したからといって連帯債務者や連帯保証人から自動的にはずれるわけではないですから

えっ！　そうなんですか
なってなくてよかったです
円さんは離婚後もこのまま
今のマンションに住み続ける
ということで
ええ
子どもたちの
環境を変えたく
ないですから
学校
住み慣れた街
友達
なるほど
では住宅ローンは？
どうしたらいいでしょうか？

おおむね以下のような
方法を選択される方が
多いですよ
【1】
売却
中古マンション
マンション
売り出し中
【2】
ローン返済義務者
（債務者）を
夫から妻に変更
ローン
債務者
ローン
債務者
【3】
離婚届を
提出した後
離婚届
名義を
妻単独に変更
ローン
債務者
夫がローンを
払い続け
ローン
妻子のみ
継続して住む
【4】
夫がローンを
払い続け
ローン
妻子のみ
継続して住む
住宅ローン完済後
夫から妻に名義変更
完済後
どうぞ
名義
変更

私としては
3番目だと思いますが
どれがいちばん
いいと思いますか？
難しい質問ですね
最終的には個人の価値観の
問題ですからね
いちばん
リスクの少ない
方法で
売却ですかね
ただし　条件がひとつだけ
売りに出して売却価格が
ローンの残債を上回れば
という条件です
では売ってはみたものの
ローンが残ってしまったら？
借金
マンション
売却
残ったのは
ローンだけ
借金
オーバーローン
ですね……
家は失ったのに
ローンだけが残るという

……
どうしたらいいでしょうか？
どの方法を選択するか次の３つの視点から考えてみましょう
【1】
子育て環境の継続性
学校
友達
住み慣れた街
【2】
子ども自身の意思・利益
この街がすき
サッカークラブに入りたい
友達とはなれたくない！
塾に通いたい
大学進学
【3】
経済力（母親自身および実家からの援助の期待度）
給与
実家
お父さんお母さんありがとう

経済力は…私の収入では…
ローンを払っていくのは厳しいです
ご実家は？
年金暮らしですから援助は……
なるほど
高橋先生　私は子どもを
転校させることだけは
どうしても避けたいんです
友達とも別れる
ことになってしまいますしねぇ
バイバイ
うっっ
となると必然的に
夫にローンを払ってもらって
私たちが住み続ける
ということになりますね

その方法を選択される方は多いですよ
夫
マンションを出ていってもらう
ローンだけ払う
妻
いままでどおりのマンション
では！ この方法がいちばん安全ということでしょうか？
そうとも言い切れません
えっ？
マンションに付いている抵当権の問題です
担保のことですか？

そうです
抵当権が付いている以上
夫のローン滞納によっては
最悪の場合
ローン滞納
ローン滞納
ローン滞納
ローン滞納
ローン滞納
マンションが競売にかけられる
リスクがあります
競売
えっ！　競売ですか？
執行官
カシャ
中古マンション
競売

競売はあくまで最悪のケースです
競売をするには多額の費用と手間がかかります
競売
印紙代
登録免許税
競売申立書の作成
切手代
必要書類の準備
etc…
10000
予納金６０万円〜２００万円（東京地方裁判所民事執行センターの管轄の場合）
ですから銀行としてもできるだけ避けたいでしょう
BANK
○×銀行
競売
どうすれば……
そうですね競売は避けられたとして
はい

借主について次の各号の事由が一つでも生じた場合には、借主は本債務全額について当然に期限の利益を喪失し、借入要項記載の返済方法によらず、直ちに本債務全額を返済するものとします。

（1）借主が返済を遅滞し、銀行から書面により督促しても、次の返済日までに元利金（損害金を含む）を返済しないとき。
（2）借主が住所変更の届出を怠るなど借主の責めに帰すべき事由によって銀行に借主の所在が不明となったとき。

これは「分割払いが一括払いに切り替わる」という意味なんです
4回
3回
2回
1回
BANK
BANK
一括
えっ！一括払いですか！
夫が滞納し銀行から督促されたとき
お金がない
BANK
払え
次回の返済期日までに返済しない限り
返済日
返済できない
残金全額を銀行に返済しないといけない
残金全額返済
BANK
そういう意味です

そんな意味だったなんて……
BANK
○×銀行
契約書
残金一括返済してもらいますからね
そうだ！高橋先生 離婚届出したら すぐに私の単独名義にしてはダメですか？
法務局に登記するだけですから手続き自体は可能です ただし
ここに「譲渡（所有権移転）をするにはあらかじめ書面により銀行の承諾を得るものとします」と書かれています

銀行の承諾ですか？
一般的に銀行は承諾しないです
承諾しません
ですから　勝手に譲渡すると契約違反になってしまいます
譲渡
単独名義
違反！
契約違反は　期限の利益喪失事由になってしまいます
利益喪失
BANK
もしかして　一括返済……
そうです

では　私に名義を変えようと思ったら
住宅ローン契約書
名義：夫
名義を私にしたい!!
夫がローンを完済し終えるのを待ってから？
数十年後
BANK
10000
今月分のローンの支払い
あと何年？
現実には　そのような取り決めをすることが多いです
ただし　問題点がひとつ
えっ！
夫が確実に名義変更に応じるかということです
公正証書を使って応じさせることは？
法的に強制はできないですねえ
むむむ……

どうしたらいいんでしょうか？
実は
なにか秘策が？
夫から妻にローン金額を払ってもらえば
えっ！
どうでしょう？実はこの方法　珍しいことではないんですよ
それはどういうことですか？
？

毎月のローン返済相当額を夫は妻に支払う
そして 妻が夫名義で銀行に返済する
夫がローン分を妻宛てに振り込む
妻が入金を確認し銀行宛てに振り込む
ATM
○×銀行
夫からの入金だわ
ローンを振り込む
これであれば　もし夫がローン分を遅滞すれば夫にたいして強制執行ができます
なるほど！そんな方法があったんですね！
そしてもうひとつ
はい

競売で落札されればすぐに家を出ないといけません
中古マンション
競売
ですが　そのための対策として夫との間で賃貸借契約を交わす方が少なくないんですよ
賃貸借契約
賃貸借契約ですか？
ええ　簡単にいえば夫が大家さんになるそんなイメージですね
なるほど私が店子というわけですね
かします
かります
大家
店子
家賃振り込み
ATM
○×銀行

そうです
どのような対策になるのでしょう？
結論から申し上げると競売になっても
競売
現在の居住者（母子）は競落後6カ月間は引き続き居住できることになります
すぐに追い出されないんですね！
そうです 法律上 明渡し猶予《ゆうよ》が認められていますからね
ただし
なにか不安要素が？

建物を引き払うまでの間
買受人にたいして賃料相当額を
支払う義務があります
買受人
賃貸
なるほど
賃貸借契約しても
競売になればいずれ
出ないといけないのは
同じです
ですが6カ月間も猶予されると
いうのは安心材料ではないでしょうか
6カ月間は
安心だわ
そうですね！
最終的には何を優先して
どのリスクを受け入れるか
ということなんです
そのうえでご決断いただく
必要があります

公正証書を作る前に
知っておきたい
「強制執行」のイロハ
地方裁判所
窓口
よろしくお願いします
公正証書
債権差押え命令の発令
公正証書の正本
執行文
送達証明書の
3点セットは
そろっていますね
裁判官

ふむ　養育費の不払いですか
公正証書まで作って
約束しているのに
どうして
払わないんでしょうかね
決定書
第三債務者（会社）に送達
差押え命令
元夫の
勤務先
〇×会社
給与担当者
裁判所からの封筒？
何かしら？

課長！
裁判所からこんな命令が届きました
円満太郎さんに給料の2分の1を支払ってはならないと書いてあるんですけどどうしたらいいでしょうか？
課長
とりあえず命令書に書いてあるとおりに金額を計算して円満太郎さんに支払っておきましょう
円満子さん（債権者である元妻）宛ての陳述書（第三債務者陳述）も書いて出しておいてください

翌日
債権差押えの件で社長がお呼びです今すぐ社長室に行ってください
ドキッ
……はい
社長室
裁判所からの命令なのでここに書いてあるとおり2分の1を引いいて支払いますね
社長
申し訳ありません！
給与担当も計算が大変だし元の奥さんへの送金の手間もあるし……何とか早く解決してもらえませんか？
未払い分を払って差押えを取り下げてもらいますので……

＊会社から送金されるのは養育費の未払い額で、かつ給与から税金等を控除した残額の2分の1を超えない金額です↖

↖ただし、給与支払日の時点で養育費の滞納がなくなっていれば、会社に請求できません

強制執行とは？

文責：白川敬裕弁護士（行政書士高橋法務事務所顧問弁護士）

裁判所に依頼して、相手の財産（給与、預金など）から強制的にお金を回収する手続きのことを「強制執行」と言います。強制執行には、次のようなものがあります。

【給与の差押え】

裁判所が相手の勤務先に対して、「給与の4分の1（養育費の場合は2分の1）を支払ってはならない」という命令を出します。裁判所から命令を受けた勤務先は、毎月、支払いを禁じられた分を社内に残す必要があります。債権者（養育費や慰謝料等をもらう権利のある人）は、勤務先に連絡して、社内に確保された金額を送金してもらい、未払いの養育費等を回収することになります。

【預金の差押え】

裁判所が相手の預金口座のある銀行支店等に対して、「預金を引き出させてはならない」という命令を出します。裁判所から命令を受けた銀行支店等は、命令が届いた時点の残高を支店内に確保しておく必要があります。債権者は、その銀行支店等に連絡して、残高を支払ってもらうことになります。

強制執行に必要な書類は？

裁判所に強制執行を依頼するには、まず、自分で（または弁護士等に依頼して）「申立書」を作成する必要があります。申立書の書式や記載方法は、裁判所のホームページに詳しく紹介されています。

また、申立書に添付する主な書類として、裁判官が「3点セット」と呼ぶ次の書類が必要です。

「債務名義」 強制執行ができる公的な文書のことで、裁判に勝った場合の「確定判決」や、裁判所で作成された「調停調書」等で、執行受諾文言という一文が記載された「公正証書」も債務名義となります。

「執行文」 「この文書によって執行ができる」という一文が記載された文書のことで、確定判決や調停調書であれば裁判所書記官、公正証書であれば公証人に、執行文を作成・発行してもらいます。ただし調停調書については、養育費のみを請求する場合、原則として執行文は不要です。

「送達証明書」 債務名義の文書が相手に交付されたことを公的に証明する文書で、裁判所書記官または公証人に作成・発行してもらいます。

相手からの支払いがないからといって、いきなり裁判所に強制執行をお願いしても、受け付けてもらえません。公正証書を作成しておけば、苦労して裁判を勝ち抜いたり、調停を続けなくても、勝訴の判決を勝ち取った場合や調停が成立した場合と同じ債務名義を得ることができます。

4章

子どもの幸せを守る公正証書の作り方

パパとの面会交流編

コラム

夫婦で話し合えないとき

夫婦で話し合って離婚条件の合意ができるような状態ではない場合、そもそも相手が離婚に応じないとか、話し合いを拒否されている、暴力を受けていて、相手方と接触をすること自体、生命や身体への危険が伴うケースなど、紛争状態にある場合は、弁護士への依頼や、家庭裁判所への調停申立てを検討することをお勧めします。

子どものことを第一に考えよう！
面会交流のことなんですが子どもたちを夫に会わせないといけないでしょうか？
と言いますと？
なんて言うか　もう私たちの生活に彼という存在が入ってきてほしくないんです
子どもたちの父親であっても？
ええ　父親の責任としてお金だけはきっちりしてもらわないと困りますが

……どうしても
彼を許すことが
できないんです
お気持ちはわかります
でも　お子さんは
パパっ子だと……
そうなんです
とくにイブキのほうが……
パパに会いたい
会いたい
つらい思いを
させてごめんね

でも　ヒビキは
ママに
任せるから
と言っています
そうですか
でもその言葉　本心でしょうかねぇ
えっ
本心でないなら
なぜヒビキは
そんなことを？
お母さんのことが
大好きだからですよ
えっ？

Shopping Mall
子どもにとって　母親は唯一無二の絶対的な存在です
母親から嫌われたら　生きていけません
一種の生存本能と考えるのが自然だと思いますよ
いいな
両親そろっていて
ダメだダメだ
こんなこと思っていたら
ママにいやな思いをさせてしまう
ボクさえ我慢すればいいんだから

……
子どもはなかなか
本音を口に出さない
それはご存じですよね
えっ　ええ
とくに離婚協議の渦中は
本音を吐き出せるような
環境とは程遠いですからね
本音など　とてもとても
離婚前
離婚後
久しぶり！
パパと
キャッチボールが
したい
バイバイ
……

あなたは
ヒビキ君のその言葉で
ご自身の考えを正当化しようと
しているのでは？
……
離婚は親の勝手な都合です
子どもには何ら関係ないこと
当然 責任もありません
子どもたちには
本当に
申し訳ない
ことをしたと
思っています
子どもをとりまく環境は
親が離婚していない家庭と
離婚家庭のそれでは
大きくちがいます
はい
離婚家庭に育つ子どもにとって
もっとも必要なのは
何でしょうか
生活の
安定でしょうか

親に愛されている大切にされている実感すなわち「自分は価値あるかけがえのない存在なんだ」という実感ですよ
これを「自己肯定感」と言います
世の中に出ればさまざまな困難に直面しますそれをたくましく乗り越えられるかどうかは自己肯定感があるかどうか自分を信じられるかどうかだと私は思います自分が価値ある存在であることを実感せずに自分を信じることなどできないと思いませんか
面会の有無が子どもにどんな影響を及ぼすか実は研究結果によって明らかにされてきているんです

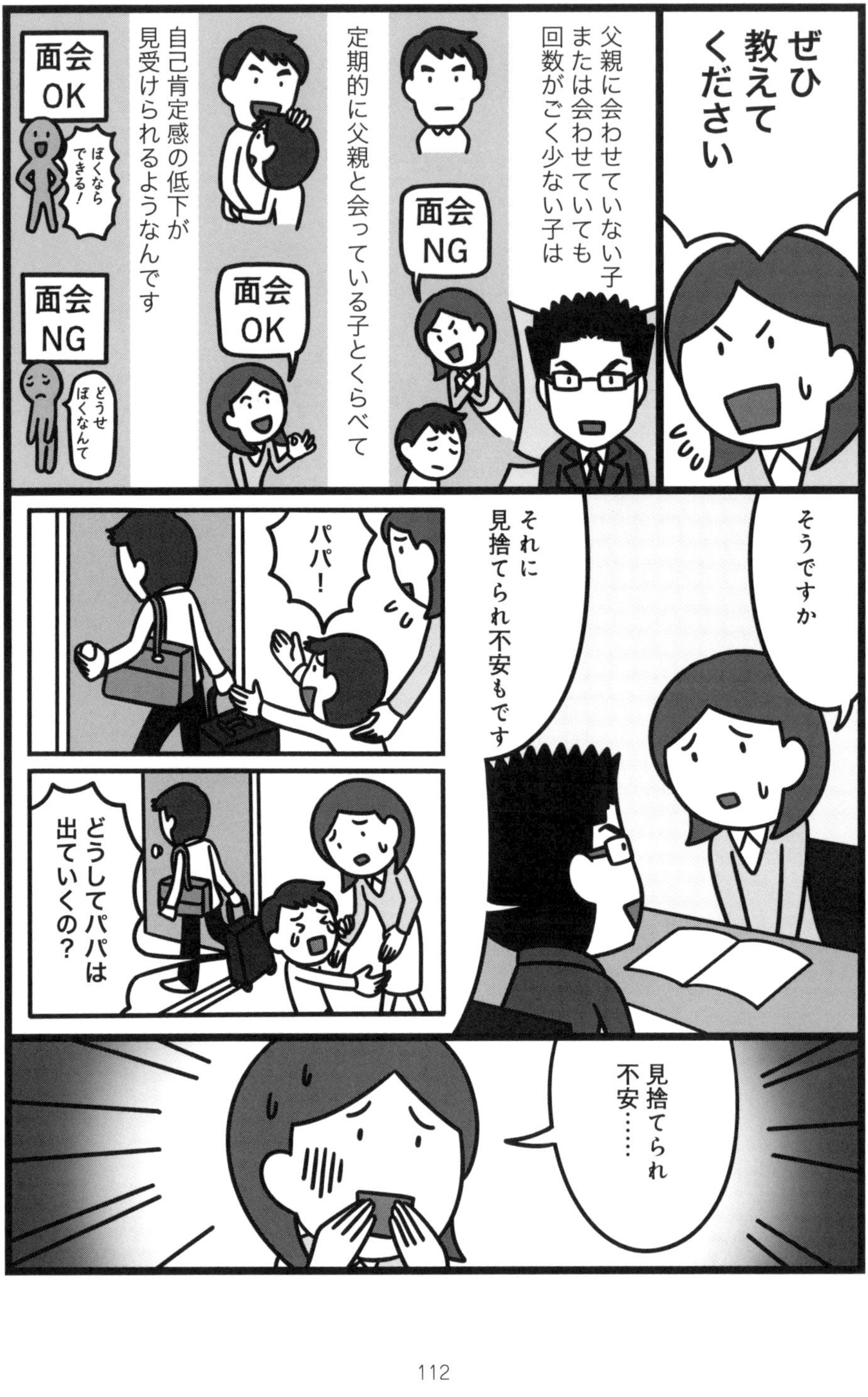
ぜひ教えてください
父親に会わせていない子または会わせていても回数がごく少ない子は
面会NG
定期的に父親と会っている子とくらべて
面会OK
自己肯定感の低下が見受けられるようなんです
面会OK
ぼくならできる！
面会NG
どうせぼくなんて
そうですか
それに見捨てられ不安もです
パパ！
どうしてパパは出ていくの？
見捨てられ不安……

養育費も払われていない
父親との面会も
途絶えていれば
子どもは見捨てられたと
思うでしょう
子どもが健全に
人格を形成していくには
欠かせないもの
それが
面会
そのとおりです
もちろん
養育費もです
養育費は
愛情表現のための
手段と言っていい
でしょう
パパは離れていても
僕のためにして
くれているんだと
そして重要なのは
両親双方との交流が
日常生活の中に
当たり前のように
存在することです
当たり前のように……
ですか
そう
当たり前ということが
ポイントです

子どもが
父親と会うのは
ごく自然なことです
母親が会わせないのは
きわめて不自然なことだとは
思いませんか
たしかに
厳しいことを申し上げる
ようですが……
離婚の原因が何であれ
子どもから父親を奪う権利など
ないんですよ
子どもたちはすでに親にさんざん
振り回され　傷だらけです
もういい加減に親の都合を
押しつけるのはやめにしませんか
ドキッ

本当は あの子たちのほうが
私なんかより ずっとずっと
不安だったはずなのに
でも でも
私 自分のことで
精一杯で……
ええ あなたは
充分に頑張って
こられたと
思いますよ
ありがとうございます
あの子たちの心を
できるだけ
見ないように
してきました
そうでしたね
もう遅いでしょうか
私は取り返しのつかない
ことをしてきたでしょうか？
これから
挽回していきましょう

子どもの心の声に耳を傾けるということですね
大事なことはひとつ子どもは親の所有物ではありません子どもをひとりの独立した人格をもった存在として認めることです
はい　肝に銘じます
実は……私の両親も離婚していて女手ひとつでずっと育てられたので……
そうだったのですかお父さんとは？
もうずっと会っていないんです
立ち入ったことをお聞きするようですが女性関係が原因でしたか？
ええ

だから　浮気という行為に過敏に反応してしまう
そうなんです
……
あなたが許せないのは本当は夫ではなくあなたのお父さんなのでは
えっ……！
あなたとお母さんを捨てた父親への憎しみを無意識のうちに夫に重ねてしまった
……

たぶん……そう……だと思います
そうでしたか……なおさらのこと負の歴史に終止符を打つときですね
はい
責めるようなことを申し上げて申し訳ありません
いえ　とんでもないです厳しく言っていただいてありがとうございます
これからもまた私がおかしなことを言っていたら教えてください

エピローグ
離婚後の人生

コラム

先の見えない暗闇の中をさまよっているあなたへ

私たちの人生は困難の連続です。うまくいかないときのほうが多いかもしれません。不安や怒りにさいなまれ、自暴自棄《じぼうじき》になるときもあるでしょう。でも、子どもの成長は待ったなし。彼らは親の一挙手一投足を見ていますから、親があわてふためいていれば、さらに不安になるだけです。毅然《きぜん》とした態度で、腹をくくって前へ進むしかないんですね。

ある依頼者の方がこうおっしゃっていました。「泣きながら、でも動く」。離婚後は、あなたが一家の大黒柱です。勇気を出して前進しましょう。

泥 沼子さんの場合
公正証書を作って！
ちゃんと払うって言ってるだろ！
早く離婚届出してくれ！
やむなく離婚届を提出
離婚から3カ月
ATM
○×銀行
養育費が振り込まれていない！
連絡がとれない！

授業参観日
仕事の時間
しーん
ただいまー
おかえりー

円 満子さんの場合
髙橋先生との面談から1カ月後
○×公証役場
ただいまー
4 月
日 月 火 水 木 金 土
7 8 9 10 11 12 13
14 15 16 17 18 19 20
21 22 23 24 25 26 27
28 29 30
授業参観

授業参観日
チラリ
ヒビキ 頑張れ！
この問題 わかる人ぉ？
正解です
よし！
さすが
俺の息子！
ニコリ

おわりに

子どもの幸せを守る離婚に私がこだわる理由

離婚問題は当事者の方にとって精神的負担が大きいものです。そのケアのため、(かつては)心療内科へ付き添ったり、雪の降りしきる真夜中に依頼者のもとへ駆けつけたりしたことも一度や二度ではありません。当時はほぼ年中無休でしたから、心身が限界を超えるのも時間の問題でした。当然のごとく、うつ状態になり、ドクターストップに。結果、療養生活は10カ月にも及びました。

ですが、復帰してもなお、離婚問題に関わっていくことを選んだのは、たった一つの理由からです。

それは、私にとって決して忘れ得ぬ、そして今でも自責の念にかられる、青天の霹靂《へきれき》とも言うべき「事件」でした。ある日のこと、私は事務所にかかってきた一本の電話で、ある相談者が、自ら生涯に幕を下ろした事実を知りました(ご遺族の心情を考えると、このエピソードを記すことに幾度となく躊躇《ちゅうちょ》し、決断までに長い年月を要しました。ですが「離婚問題は、いくところまでいくと、こうなってしまう」と知ることで救われる方々がいますので、あえて記すことを決断しました)。

親との別離を強いられた子どもたちの心情は、察するに余りあります。と同時に、私は、親の都合による行動のしわ寄せがいつも子どもたちに行き着くという事実に強い憤りを覚えます。ですから、離婚家庭に育つ子どもたちへの悪影響を少しでも減らすことに人生を捧げることは、贖罪《しょくざい》でもあり、私に課せられた使命だと思っています。

本書では、日々、依頼者の方と向き合うなかでつちかわれた、子どものために円満に離婚するための「考え方」を書かせていただきました。読者の方々が置かれた環境は千差万別でしょうが、本書を参考にしていただくことで、1人でも多くの子どもたちが離婚による悪影響を回避できる一助となれば、著者としてこれほどの喜びはありません。

最後になりましたが、本書の制作にあたり数々のアドバイスをいただきました顧問弁護士の白川敬裕先生には深く感謝しております。そして、趣旨を正確に理解していただき、わかりやすくマンガ化してくださった、ふじたきりん様、飛鳥新社の関係者のみなさま、大変お世話になりました。厚く御礼申し上げます。

2014年12月

行政書士　髙橋健一

髙橋健一（たかはし　けんいち）

行政書士髙橋法務事務所代表。1975 年、岐阜県本巣市（旧・本巣郡糸貫町）生まれ。幼少より母親の抑圧が強い家庭で育ち、家族にかかわる法的素養を身につけるため、大学では家族法を専攻して離婚の実態を研究。親族から離婚相談を受けるまでとなる。卒業後も夫婦問題の相談に乗り続けたが、ある相談者の悲劇的な最期を機に、離婚する夫婦に親としての自覚を促し、子どもを犠牲にさせない独自の手法を開発、「円満離婚の仕掛人®」の異名をとる。過去 15 年の相談実績は 1 万件超、海外からも依頼者が訪れている。

【問合せ先】行政書士髙橋法務事務所　東京都三鷹市下連雀 3-14-30-201
http://www.rikon-solution.net/book/

ふじたきりん

1979 年、石川県生まれ。東京都在住。
イラスト・漫画・体験レポートを描いています。

子どもの幸せを守る
円満離婚のカンドコロ

2015 年 1 月 3 日　第 1 刷発行
2017 年 3 月 7 日　第 2 刷発行

著　者　髙橋健一
マンガ　ふじたきりん
装丁・本文デザイン　吉澤有紀
発行者　土井尚道
発行所　株式会社　飛鳥新社
〒101-0003 東京都千代田区一ツ橋 2-4-3　光文恒産ビル
電話（営業）03-3263-7770　（編集）03-3263-7773
印刷・製本　中央精版印刷株式会社

ISBN978-4-86410-344-2

編集担当：当間里江子